Tatort Ferienlager

Von Ulrike Rogler und Simone Veenstra
Mit Illustrationen von Stephan Pricken

gondolino

Umschlagillustration: Gisela Dürr

002

ISBN: 3-8112-2631-2

Der Umwelt zuliebe gedruckt auf chlorfrei gebleichtem Papier.

5 4 3 2 1

www.gondolino.de

Inhalt

Fall 1
Überraschung in der Höhle

„Wow, das wird spannend!", ruft Alex und klopft Janosch auf die Schultern. Janosch nickt nur.

Aber Alex ist gar nicht mehr zu bremsen: „Hoffentlich verlaufen wir uns nicht". Janosch schüttelt den Kopf.

„Das wäre nicht so schön, stell dir mal vor, dann würden wir da unten in der Höhle warten, dass uns jemand findet!", quasselt Alex immer weiter.

Janosch seufzt leise. Alle sind furchtbar aufgeregt und zappelig und freuen sich auf diese Höhlenwanderung. Nur er ist ein bisschen enttäuscht. Eigentlich mag er Höhlen, vielleicht wird er später auch mal Höhlenforscher. In seinem Zimmer zu Hause hat er sogar schon einen Stalagmiten nachgebaut. Der steht neben seinem Bett. Er hatte seine Eltern genervt, weil er unbedingt mit in dieses Ferienlager fahren wollte. Und jetzt? Jetzt fühlt er sich ein bisschen einsam, obwohl die andern fast immer um ihn herum sind, von den Betreuern ganz zu schweigen.

Aber Janosch hat auch einen Grund, traurig zu sein. Denn heute ist sein zwölfter Geburtstag. Und niemand gratuliert ihm. Dabei waren sie alle am ersten Tag bei der Vorstellungsrunde ganz aufgeregt, als er sein Geburtsdatum nannte. „Hey“, hatte Sonja gebrüllt und in die Hände geklatscht, „dann wirst du ja zwölf, während wir hier sind!“

„Genau“, hatte Alex gestrahlt, „dann machen wir eine Tortenschlacht.“

Doch als Janosch heute Morgen aufstand, war alles so wie immer.

Bei den anderen geht ständig das Handy, eine SMS für Sonja, eine für Micha, Anja tippt wie wild eine Antwort. Alex’ Handy piepst schon wieder. Das ist ja der reinste SMS-Terror!

„Ayeaye!“, brüllt Alex und streckt den Daumen hoch.

Janosch gibt sich einen Ruck und beschließt, den Tag zu genießen. Schließlich kann nicht jeder erzählen, dass er seinen zwölften Geburtstag in einer Höhle verbracht hat.

Da geht es auch schon los. Maren und Ben, die beiden Betreuer, haben große Rucksäcke auf und einen Plan dabei.

„Seid vorsichtig, es kann rutschig werden!“, schärft Maren ihnen ein. „Und haltet euch an die ausgezeichneten Wege. Die führen automatisch in die große Höhle.“

Micha macht seinem Freund Sebastian ein heimliches Zeichen. Janosch verzieht genervt das Gesicht. Auweia, das riecht nach Ärger! Die beiden haben doch schon wieder irgendetwas vor! Kein Tag vergeht, an dem sie nicht irgendetwas anstellen: Salz in die Zuckerdose füllen, die Türklinken mit Zahnpasta beschmieren und so weiter und so fort. Kaum sind sie die ersten Meter

gelaufen, verschwinden die beiden auch schon nach vorne.

Was, wenn sie sich verirren?, überlegt sich Janosch. Sie würden rufen und rufen, aber wegen des Echos und der verwinkelten Gänge könnte niemand einschätzen, wo sie sich befinden. Maren und Ben wären furchtbar aufgeregt. Irgendwo in ihren riesigen Rucksäcken hätten sie bestimmt auch einen Erste-Hilfe-Kasten dabei. Aber was nützte der schon, wenn man die beiden Jungs nicht fände?

Dann würde *er* das Ganze in die Hand nehmen. Er würde den Höhlenplan fachmännisch begutachten und sich aufmachen, um Micha und Sebastian zu retten.

„... das wäre vielleicht aufregend!“, reißt ihn Alex aus dem Tagtraum. Janosch schaut sich um. Sie sind die Letzten. Ganz weit vorne sind die anderen noch zu sehen. Er legt einen Schritt zu, aber Alex hält ihn zurück.

„Schau mal, ist das ein Stalagdingsbums da vorne?“, fragt Alex und beugt sich über die

Absperrung am Rand des Weges. Janosch blinzelt, er kann nichts erkennen.

„Da!“, ruft Alex und streckt den Finger aus.

Janosch schüttelt den Kopf. „Das ist einfach nur ein Stein.“

„Aber sieht *der* nicht aus wie eine riesige Schnecke?“, ruft Alex begeistert. Mann, Alex hat wirklich von nichts eine Ahnung! Janosch grinst. Er sieht noch immer nichts, aber Alex hat auch eine blühende Fantasie. Gestern Abend nach dem Essen, als alle in die Küche gegangen waren, hat er Janosch nach draußen gezerrt und behauptet, er hätte Sternschnuppen gesehen.

Keine Ahnung wie lange sie in den Himmel gestarrt hatten, jedenfalls war keine einzige Sternschnuppe gefallen. Die anderen hatten sie danach gnadenlos aufgezogen und behauptet, sie hätten sich nur vor dem Spülen drücken wollen.

„Komm jetzt, wir sind die Letzten“, drängt Janosch und rennt ein paar Meter.

„Ist ja gut“, brummelt Alex ärgerlich.

Da fällt der Boden plötzlich ab und führt in Kurven in die Tiefe. Die Treppen sind rutschig, die Wände glänzen vor Feuchtigkeit.

Alex keucht. „Mensch, Janosch, warum willst du Höhlenforscher werden, so richtig gemütlich ist das hier wirklich nicht!“ Janosch will gerade antworten, aber da redet Alex schon weiter. „Überall ist es nasskalt und glitschig, und bis so ein Stalagmit mal endlich zu erkennen ist, dauert es Ewigkeiten! Und dann steht da doch nur so eine langweilige Säule.“

Von vorne hallt ein Kichern an den Wänden entlang. Janosch legt einen Schritt zu. „Nicht existierende Sternschnuppen findest du wohl spannender, oder wie?“, fragt er gereizt.

„Hey, hätte ich mein Fernrohr dabei gehabt, hätten wir welche gesehen!“, verteidigt sich Alex.

Janosch tippt sich an die Stirn. Vorgestern hatte Alex ihn und Sonja mit einem ellenlangen Vortrag über sein superduper Fernrohr gelangweilt.

Dabei hatten Sonja und er sich gerade so toll über Höhlen unterhalten. Sonja war echt klasse und hatte wirklich Ahnung! Sie nickte sogar wissend, als er ihr von diesem neuen Geobaukasten erzählte, bei dem man eine eigene Tropfsteinhöhle nachbauen konnte! Mann, den hätte er wirklich gerne!

Die letzten Treppenstufen werden flacher, da öffnet sich auch schon der Raum. Janosch bleibt der Mund offen stehen. Die Wände erstrecken sich viele Meter nach oben und weiter nach vor-

ne. Dort wo Sonja, Micha, Sebastian und Maren im Halbkreis stehen, spiegelt sich die Höhle in einer großen Pfütze. Ein Tropfstein wächst genau aus ihrer Mitte.

„Hier sind wir!“, ruft Alex gut gelaunt und winkt Ben zu, der gerade eine der Höhlenwände untersucht. Janosch zuckt zusammen. Das hier ist ein Ort zum Flüstern, nicht zum Schreien!

Auch die anderen starren den beiden Nachzüglern entgegen. Doch noch bevor sie die Gruppe erreicht haben, fällt plötzlich die Höhlenbeleuchtung aus. Janosch reißt die Augen auf. Schwarz, nichts als Schwarz. Alex rempelt ihn von hinten und reißt ihm beim Stolpern den Rucksack runter. Zum Glück ist da nichts drin, das kaputt gehen könnte. Zwei Hände fassen nach Janosch und halten ihn fest.

„Alles okay?“, fragt Sonjas Stimme ganz nah.

Micha kichert: „Was treibt ihr beiden denn da?“ Zum Glück blitzt es da auch schon, und das Licht geht wieder an.

Janosch blinzelt. Alex sitzt auf dem Boden, Anja hält Janosch seinen Rucksack entgegen. Micha und Sebastian stupsen sich die ganze Zeit mit den Ellenbogen in die Rippen und ziehen Grimassen. Sonja lächelt Janosch an, Maren und Anja grinsen auch wie blöde. Ben kommt schnellen Schrittes auf die kleine Gruppe zu. Auch er hat Mühe, seine Gesichtszüge unter Kontrolle zu halten.

„Jetzt nimm schon endlich! Der wird mir langsam zu schwer“, befielt Anja.

Janosch streckt ihr zögernd die Hände entgegen, doch dann beginnt er plötzlich breit zu grinsen. „Mann, da habt ihr aber einen echt ausgeklügelten Plan hingelegt. Wo ist die Torte?“, fragt er laut lachend.

Einen Moment starren ihn die anderen überrascht an, doch dann fangen sie alle wie wild an zu brüllen „Überraschung!“ und „Happy Birthday!“ und „Herzlichen Glückwunsch!“. Es gibt Tee aus Thermoskannen, Kuchen, sogar Musik

und ein dickes Geschenk – ein nagelneuer Geobaukasten.

Janosch strahlt. Denn wer kann schon von sich behaupten, eine Geburtstagsüberraschungs-Party in einer Tropfsteinhöhle gefeiert zu haben?

Nur: Womit haben sich die anderen denn nun verraten?

Fall 2

Falsches Spiel auf der Ritterburg

„Ein Ritter!“, ruft Fabian und zeigt nach vorne. In der Klasse wird es augenblicklich still. In der Tür steht jemand mit einem schweren Ritterhelm. Die geheimnisvolle Person geht zum Pult und stellt dort einen Krug aus dunklem Ton ab.

„Das ist doch kein Ritter“, widerspricht Helge. „Das ist Frau Aumüller.“

Der Ritter schiebt das Visier des Helms hoch und lacht. „Du hast Recht Helge. Ich bin es bloß. Und deshalb gibt es jetzt auch kein Ritterturnier, sondern Geschichtsunterricht.“

„Schade“, sagt Benni. So kurz vor den Osterferien hat er echt keine Lust mehr auf Schule.

„Na, na, Benni, als Ritter müsstest du auch was lernen. Bevor du nämlich Ritter werden könntest, müsstest du erst mal was sein?“ Frau Aumüller guckt Benni fragend an.

„Knappe“, flüstert Fabian Benni zu.

„Kappe“, sagt Benni. Die Klasse bricht in lautes Gelächter aus.

„Fast Benni, ein Buchstabe fehlt. Es heißt Knappe.“ Frau Aumüller muss ebenfalls lachen. „Knappen waren im Mittelalter sozusagen die Ritterlehrlinge. Und ich denke, ihr habt es hier in der Schule wesentlich gemütlicher als die Knappen damals.“

„Das glaube ich nicht“, flüstert Helge seinem Nachbarn Patrick zu.

Frau Aumüller hat das gehört und dreht sich zu ihm um. „Stell dir das mal nicht zu schön vor, Helge. Jeden Tag die Waffen von deinem Herrn putzen, immer springen, wenn er was von dir will und dann musst du mit anpacken, wenn er mit seiner schweren Rüstung Hilfe braucht. Und das geschah ziemlich oft. Er benötigte zum Beispiel jemanden, der ihm aufs Pferd und wieder runter half. Die Rüstung war nämlich so schwer, dass sich die Ritter darin kaum bewegen konnten. Wenn einer mal umgefallen ist, dann lag er da wie ein Käfer auf dem Rücken“, erklärt Frau Aumüller der Klasse.

„Konnten die nicht selbst wieder aufstehen?“, will Britt wissen. Sie kann sich einen hilflosen Ritter gar nicht richtig vorstellen.

„Na ja, das war schon ziemlich schwierig für die Ritter. Nicht nur wegen des Gewichts der Rüstung, sondern auch, weil man sich darin nicht besonders gut bewegen konnte“, sagt Frau Aumüller und lacht.

„Aber in einer Schlacht konnten sie doch auch kämpfen“, wirft Helge ein.

„Sicher konnten sie kämpfen. Wenn sie richtig im Sattel saßen. Aber das mit den Schlachten war auch nicht ganz so einfach. Manchmal ist es vorgekommen, dass zwei Heere losgezogen sind, um sich zu bekämpfen. Sie sind den ganzen Tag mit all ihrer Ausrüstung über Stock und Stein gestolpert und nichts ist passiert. Weit und breit keine Gegner“, fährt Frau Aumüller fort.

„Warum denn nicht?“ Fabian schüttelt verwundert den Kopf.

„Ganz einfach: Damals gab es noch keine Satelliten oder andere Geräte, mit denen man über große Entfernungen jemanden orten konnte. Die beiden Heere haben sich schlicht und ergreifend verpasst“, sagt Frau Aumüller.

„Sie sind aneinander *vorbeigeritten*?“ Helge kann es nicht glauben.

„Genau so war es.“ Frau Aumüller nickt.

„Und dann?“, fragt Belinda ungläubig.

„Ganz einfach“, sagt die Lehrerin, „man steigt von seinem Pferd ab, schlägt das Lager auf und versucht sein Glück am nächsten Tag noch einmal.“

„Und vorher haut man sich den Bauch mit Leckereien voll“, grinst Fabian.

„Wenn man auf der Jagd Glück hatte“, ergänzt die Lehrerin.

„Hatten die denn keinen Proviant?“, fragt Patrick neugierig.

„Tja Patrick, was denkst du denn? Ein paar Fertigsuppen und Ravioli aus der Dose?“ Frau Aumüller lacht.

„Nee“, Helge schüttelt den Kopf, „das gab es doch damals noch gar nicht.“

„Eben“, Frau Aumüller nickt, „vielleicht hatten sie ein wenig getrocknetes oder kaltes, gebratenes Fleisch dabei.“

„Aber die haben doch nicht nur Fleisch gegessen?“, wirft Belinda ein.

„Nein, es gab natürlich auch ein bisschen Gemüse und Obst, wenn es Sommer oder Herbst war. Manches konnte man auch damals schon für den Winter haltbar machen und aufheben. Aber das war dann schwierig zu transportieren“, erklärt Frau Aumüller.

„Warum?“ Fabian kann sich nicht vorstellen, warum ein paar Bohnen so schwierig zu transportieren sein sollten. Frau Aumüller greift nach dem braunen Tonkrug, den sie vorhin auf das Pult gestellt hat, und hält ihn in die Höhe.

„Weil“, sagt sie dann, „diese Dinger hier gar nicht so leicht sind. Und das war eine der wenigen Möglichkeiten, etwas zu transportieren.“

„Was ist das?“, will die ganze Klasse wissen.

„Das nennt man Bartmannskrug. Seht ihr hier“, sie zeigt auf die Vorderseite des Krugs, auf der man so etwas wie ein Gesicht mit einem großen Bart sehen kann, „wegen dieses Bartes hier.“

Sie drückt Belinda den Krug in die Hand, damit sie sich ihn aus der Nähe ansehen kann.

Während der Krug in der Klasse weitergegeben wird, erzählt Frau Aumüller: „Das, was ihr da in der Hand habt, ist nur eine Nachbildung. Ein Original wäre viel zu kostbar.“

„Woran kann man denn einen echten Krug erkennen?“, fragt Belinda.

„Die Menschen im Mittelalter hatten noch keine Maschinen. Sie haben alles von Hand gemacht. Das sieht man auch an den Tonsachen. Sie sind nicht so gleichmäßig wie aus einer Maschine. Es kommt sogar vor, dass man noch den Fingerab-

druck des Töpfers auf dem Krug sieht“, sagt Frau Aumüller zu der staunenden Klasse.

„Echt? Dann ist so ein Abdruck schon seit mindestens hundert Jahren da?“ Helge staunt.

„Nein, dann ist der Abdruck seit fast 500 Jahren da!“, verbessert ihn Frau Aumüller.

„Das wäre echt cool“, überlegt Helge laut, „wenn jemand in ein paar hundert Jahren einen Fingerabdruck von mir finden würde.“

Frau Aumüller nickt. Dann fährt sie fort. „Bei Krügen, die vielleicht 100 Jahre alt sind, kann man oft eine Naht sehen. Dann wurde der Krug in zwei Stücken gefertigt und erst später zusammengesetzt. Die sind dann natürlich auch nicht so wertvoll“, erklärt die Lehrerin.

„Was meinen sie denn mit Naht?“ fragt Britt.

Frau Aumüller lächelt und holt ein Schokoladen-Osterei aus ihrer Tasche. Sie packt es aus und zeigt es der Klasse.

„Seht ihr hier“, sie deutet auf eine Art Strich, der um das ganze Ei geht, „hier sieht man genau, an welcher Stelle die beiden Eihälften aneinander geklebt wurden. Mit etwas Kraft kann man das Ei genau hier auseinander brechen.“ Sie zerbricht das Ei in zwei gleich große Hälften und steckt sich die Schokolade lachend in den Mund.

„Ein Osterei-Krug“, sagt Britt.

„Genau, so kann man sich das merken. Und bevor ihr jetzt alle auch ein Osterei bekommt“, sagt sie während sie die Schokolade kaut, „erkläre ich euch noch kurz, wohin wir nach den Osterferien fahren.“

Die Klasse lauscht gespannt. Ausflüge sind immer gut.

„Wir besuchen eine Ausgrabungsstätte, wo man unter anderem genau solche Krüge gefunden hat. Natürlich die echten“, verkündet Frau Aumüller.

„Ach, bloß so ein Museum!“ Helge ist enttäuscht.

„Das ist sehr spannend dort, Helge. Du wirst schon sehen. Und wenn es euch gefällt, bleiben wir vielleicht auch mal länger und helfen den Forschern bei den Ausgrabungen“, verspricht die Lehrerin.

„Oh, im Sand buddeln – wie aufregend!“ Helge versucht gelangweilt auszusehen, aber insgeheim findet er die Idee doch spannend.

Die Sonne scheint heiß an dem Tag, als Frau Aumüller mit ihrer Klasse die Ausgrabungsstätte besucht. Ein netter Geschichtsstudent führt sie

eine Weile draußen herum und erklärt, was seine Aufgabe dort ist. Danach geht es in ein kleines Museum.

„Hier seht ihr, was wir schon gefunden haben“, erklärt der Student. „Dort hinten in den Vitrinen sind unsere wertvollsten Stücke: Bartmannskrüge aus dem 16. Jahrhundert.“

Er führt die Klasse zu den Glaskästen. Alle drängen sich darum. Deutlich sieht man die großen Bärte auf dem braunen Ton.

„Da ist sogar ein Fingerabdruck“, ruft Helge aufgeregt.

„Wo? Ich sehe nichts.“ Fabian drängelt sich weiter nach vorne.

„Da!“, Helge zeigt aufgeregt auf den Henkel an einem Krug. „Da, siehst du nicht? Genau an der Stelle, an der der Henkel den anderen Krug berührt.“

„Ach, jetzt sehe ich es“, sagt Fabian, „neben dem Osterei-Krug. Wow, ist der Fingerabdruck jetzt wirklich 500 Jahre alt?“

„Ja, das ist er“, der Student nickt, „alle Krüge in der Vitrine sind etwa 500 Jahre alt und besonders wertvoll.“

„Klaut die niemand?“, will Britt wissen.

„Die Vitrinen sind ganz besonders gesichert. Und nur unser Direktor hat einen Schlüssel dafür“, beruhigt sie der Student.

„Vorsicht Kinder!“, ruft da plötzlich ein Mann und stürzt aus einem Zimmer, das an den Ausstellungsraum grenzt. „Nichts anfassen, hört ihr!“

Der Mann baut sich vor der Klasse auf und erklärt: „Ich bin der Direktor dieses Museums, und ich dulde hier keine Flecken, nicht von Händen, nicht von Schokolade und nicht von Eis.“

Britt macht ein langes Gesicht. „Was ist das denn für einer?“

„Auf jeden Fall ein Betrüger“, sagt Helge laut.

Wie kommt er darauf?

Fall 3

Rodelwettbewerb mit Folgen

Bea ächzt. Wie lange kraxeln sie eigentlich schon diesen blöden Berg rauf? Neben ihr hört sie Hartwig keuchen, der offensichtlich auch außer Atem ist. Selbst Christina, die sportlichste der drei Freunde, seufzt. „Mann!", flucht sie leise, „so ein langer Fußmarsch für das bisschen Spaß!" Bea und Hartwig nicken nur. Sprechen ist zu anstrengend.

Schon seit einer halben Stunde ziehen sie die Schlitten bergauf. Meter für Meter. Dabei sind sie doch eigentlich im Skilager, nicht im Rodellager! Doch die Schweizer Schüler, die die Unterkunft mit ihnen teilen, haben sie davon überzeugt, wie toll so eine Nachtschlittenfahrt sei. Offensichtlich sind die so was auch gewöhnt, denn weiter oben am Hang traben Robert und Börries ganz locker vor sich hin, fast als würden ihre Schlitten gar nichts wiegen. Nun ja, vielleicht stimmt das ja auch. Schließlich haben die alle so pfeilschnelle, winddynamische Kunststoffwannen. Robert hat seine sogar extra vorher noch frisch lackiert. Bea, Hartwig, Christina und ihre Schulkameraden mussten sich Schlitten leihen. Und die sind echt altertümlich: aus Holz, mit zwei Kufen aus Eisen und höllenschwer.

„Hey, was ist los mit euch?“, ruft da auch schon Börries von vorne. „Macht ihr schon schlapp?“ Diese Angeber! Sie sind schon den ganzen Tag auf der Piste grinsend an ihnen vorbeigewedelt.

Hartwig wird langsam wütend. „Mensch!“, beschwert er sich, „die haben die Berge schließlich vor der Haustür! Kein Wunder, dass sie besser sind als wir.“

Christina knirscht mit den Zähnen und übernimmt wieder den Schlitten, den sie sich mit Bea teilt. „Los, das lassen wir uns doch nicht bieten!“, zischt sie. Verbissen legen sich die drei ins Zeug und überholen selbst ihren Lehrer, Herrn Palt.

Der ist auch schon ganz außer Atem. „Kinder, Kinder“, keucht er, als sie an ihm vorbeilaufen. „Hätte ich gewusst, dass das so anstrengend wird, hätte ich mir eine andere Abendgestaltung ausgedacht!“

„Zu spät!“, schnauft Christina, die schon die Startlinie der Rodelbahn sehen kann.

Der Lehrer nickt. „Stimmt, dann lasst es uns den Angebern mal zeigen!“

Von weiter hinten erschallt ein lautes „Genau!“ Auch die anderen aus ihrer Klasse sind fest entschlossen, nicht so einfach aufzugeben.

Doch als alle oben angekommen sind, wird es ihnen schon ein wenig komisch zu Mute. Denn das Mondlicht lässt die Rodelbahn und die aufgeschütteten Schneewände rechts und links glänzen, als wären sie aus purem Eis.

„Ist das nicht gefährlich?“, flüstert Herr Palt Herrn Rabe zu, dem Lehrer der Schweizer Schulklasse.

Der schüttelt den Kopf und grinst. „Nicht, wenn Ihre Schüler in der Bahn bleiben und immer schön brav vor den Kurven bremsen. Außerdem bekommt ja jeder ein Kopflicht mit." Ein Kopflicht? Bea schaut sich um. Robert und Börries ziehen sich gerade Gummibänder über den Kopf, die vorne eine flache Leuchte eingearbeitet haben.

„Damit wir auch sehen, wen wir überholen", grinst Börries breit.

Bea zeigt ihm einen Vogel. „Du wirst doch wohl nicht überholen wollen, in dieser engen Bahn!"

Robert lacht. „Das wirst du ja dann sehen, Rotkäppchen!"

Wütend zieht Bea ihre quietschrote Mütze zurecht. Die hat ihre kleine Schwester für sie gestrickt! Klar, dass die nicht so cool aussieht wie Roberts schnittiges Stirnband mit diesem blöden Wellenemblem vorne drauf, na und?

Ein Schlitten nach dem anderen wird angeschoben und verlässt die Startbahn. Manche fahren zu zweit, manche alleine. Bea und Christina nehmen Anlauf und springen auf ihren Schlitten.

Vor ihnen ist Robert gestartet, und bevor sie ein Mal blinzeln konnten, war er schon um die erste Kurve geschossen.

Börries scharrt hinter ihnen mit den Füßen. „Beeilt euch mal ein bisschen!“, ruft er ihnen hinterher. „Ich hab keine Lust an euerm Hintern festzukleben!“

Christina schiebt nochmal mit den Füßen an, sie gewinnen an Fahrt. Die erste Kurve nehmen sie, ohne zu bremsen und schießen in die Außenwand. Bea beißt die Zähne aufeinander.

Jetzt bloß nicht kreischen! Fast kommt es ihr so vor, als ob die Tannenbäume höhnisch knistern. Vor der zweiten Kurve stemmt sie ihre Füße in den Schnee und bremst ein bisschen ab. Schließlich wollen sie ja nicht über die Außenbahn krachen.

„Danke!“, hört sie hinter sich Christina seufzen. „Ich dachte schon, du bremst gar nicht mehr!“

Da halten sie auch schon auf die nächste Biegung zu. Die Außenwand ist hier niedriger als bisher und oben eingebrochen. Genau in der Mitte ist eine kleine Kuhle zu sehen. Bea bremst stärker. Knapp unterhalb der Mulde flitzen sie entlang. Christina atmet erleichtert auf. Bea und Christina müssen lachen, doch da knirscht es schon hinter ihnen.

„Was ist los, macht ihr den Babydurchgang?“, brüllt Börries von hinten. Er ist so nahe, dass seine Lampe eine Stück der Bahn vor ihnen erhellt. „Mensch, ich hab extra doppelt so lange gewartet wie normal“, nörgelt er weiter.

Christina wird wütend. „Was ist schon normal bei dir?“, schreit sie über ihre Schulter zurück. Die beiden Mädchen rutschen noch näher aneinander und lehnen sich nach hinten, um mehr Tempo zu gewinnen. Ab und zu stemmt Bea den rechten oder linken Fuß nach unten, um zu lenken. Aufs Bremsen verzichtet sie ganz. Sonst fährt ihnen Börries womöglich noch hinten rein.

Die Baumwipfel zischen an ihnen vorbei. Börries' Schlitten knirscht dicht hinter ihnen. Immer lauter wird das Geräusch, immer näher fährt er auf. Und dann passiert es – Börries lässt seinen Schlitten schießen und holt noch weiter auf. Er grinst ihnen zu. Die nächste Kurve kommt. Verbissen halten sich Christina und Bea an ihrem Schlitten fest und versuchen, so flach wie möglich darauf zu liegen.

Die schmale Piste biegt nach links, doch Börries lenkt seine Plastikschale auf die andere Seite. Offensichtlich ist er fest davon überzeugt, dass er genug Schwung drauf hat, um sie auf der

Innenbahn zu überholen. Tatsächlich, da ist er auch schon einen Meter vor ihnen. Bea hält den Atem an und wirft einen Blick nach vorne. Dort ist die Innenwand eingedrückt, und der Schnee scheint fast schwarz zu sein. Unter Börries Wanne knirscht es ungesund, und er kommt ins Trudeln. Bea kann gerade noch den rechten Fuß auf die Bahn setzen. Sie schlittern gefährlich nahe an ihm vorbei.

„So ein Mist!", hören sie Börries fluchen. Dann folgt ein lautes Krachen.

„Hoffentlich ist ihm nichts passiert“, murmelt Christina. Da kommt auch schon die Zielgerade in Sicht.

„Hurra! Das war echt eine Bestzeit!“, rufen ihre Klassenkameraden, während die Schweizer Schüler nur die Köpfe schütteln.

Robert fährt sich lässig durch die Haare. „Hey, gegen mich habt ihr eh keine Chance!“, prahlt er.

Christina und Bea bremsen und sehen sich die Zeiten an. Sie stehen an zweiter Stelle. Nur Robert war noch schneller als sie. Ganze zwei Minuten! Die beiden Mädchen schauen sich an.

„Mensch, der hat ja wohl überhaupt nicht gebremst!“, sagt Christina beeindruckt.

Da kommt Hartwig ins Ziel. Er grinst bis über beide Ohren. „Börries hat's zerlegt!“, berichtet er nicht ohne Schadenfreude und wedelt mit dem Wellenstirnband. „Ich konnte ihm gerade noch so ausweichen. Das hier hab ich aufgeklaubt, als ich ihn halsbrecherisch oben an der Innenseite überholt habe!“

Bea schüttelt ungläubig den Kopf „Wie ging das denn? Der klebte doch die ganze Zeit an unseren Hacken!“

Hartwig tätschelt zufrieden seinen Holzschlitten. „Offensichtlich sind so zwei Kufen extrem gut, wenn die Fahrbahn verdreckt ist. Dann schlittert man nicht gleich im Kreis, sondern es bremst nur ein bisschen.“ Jetzt grinsen sie alle drei, denn Börries kommt im Schneckentempo die Zielgerade entlanggekrochen.

„And the winner is ...“, ruft Herr Rabe stolz und tätschelt Roberts Schultern, „unser Rooooo-beeeert!“

Robert klopft sich ein bisschen Dreck von der Hose und streckt seine Plastikwanne stolz über den Kopf. Christina schüttelt den Kopf: Der Typ hat seinem Schlitten doch tatsächlich einen Namen aufgesprüht! ‚Schneeblitz‘ steht vorne in verkratzten, gelben Buchstaben aufgemalt.

Bea schüttelt nochmal den Kopf. „Entschuldigung“, sagt sie dann laut, „ich glaube, wir müs-

sen die Plätze neu vergeben, denn der Gewinner fliegt wegen Regelverstoß raus!“ Christina grinst, Hartwig auch. Alle anderen schauen völlig verwirrt. Bea erklärt ihrem Lehrer, was sie meint.

„Was?“, will Herr Rabe wissen.

„Sie haben schon ganz richtig gehört“, antwortet Herr Palt, „Christina und Bea haben den ersten Platz gemacht.“

Weißt du auch wieso?

Fall 4

Alarm im Kloster

„Pass auf, ich tue jetzt so als wäre es stockfinster. So dass man nichts mehr sehen kann. Und ich laufe bis zur nächsten Tür. Guck!“ Sascha schließt die Augen, streckt die Hand aus, bis er mit den Fingern die Wand berührt und läuft los. Konstantin beobachtet seinen Freund neugierig und folgt ihm langsam.

„Autsch!“, ruft Sascha und reißt die Augen auf. „Ich hab mich gestoßen.“ Er zeigt auf einen alten Metallhaken, der aus der Wand ragt. Vor dem Haken ist der Boden mit einem leuchtenden Streifen abgeklebt. Dieser soll die Besucher des Museums vor dem Haken in der Wand warnen. Aber mit geschlossenen Augen konnte Sascha den Streifen natürlich nicht sehen.

„Jetzt hat deine Hose ein Loch“, stellt Konstantin fest. Er deutet auf einen rechtwinkligen Riss in Saschas Hose.

„Oh nein! Die ist neu.“ Verzweifelt betrachtet Sascha den Riss in der Hose.

„Sascha, Konstantin was macht ihr denn da? Ihr sollt hier bei uns bleiben und zuhören, was Pater Franz zu erzählen hat.“ Frau Becker, die Klassenlehrerin, steht kopfschüttelnd vor den beiden. „Das ist wirklich unhöflich von euch. Ihr stört alle, die zuhören wollen, und Pater Franz muss sich konzentrieren, auf das was er erzählt.“

Sascha und Konstantin sind auf Klassenfahrt in einem alten Kloster. Gleich nach der Ankunft machen sie einen Rundgang mit Führung durch das Kloster. Das ist wirklich toll: Die dunklen Gänge, die lang gestreckten Säle, die mit Kronleuchtern beleuchtet werden, und der große Hof mit dem verwilderten Garten – das alles sieht aus wie in einem alten Film.

Pater Franz, der die Rüge der Lehrerin gehört hat, winkt freundlich ab: „Wir sind auch gleich fertig. Ich will euch nur noch unser kostbarstes Stück zeigen, ein altes Triptychon. Das ist ein Altarbild. Und dann gehen wir noch schnell rüber in die Kapelle."

„Dass diese Kinder nie ruhig sein können", sagt eine Frau zu ihrem Mann. Die beiden wohnen ebenfalls im Kloster. Sie sind Sascha und Konstantin sofort aufgefallen, weil sie die gleichen roten Pullover tragen.

Sascha schubst Konstantin an und äfft sie hinter ihrem Rücken nach. Ein weiterer Zuhörer, ein alter Mann mit einem grauen Hut, hat das beobachtet und schüttelt erbost den Kopf.

„Hör auf“, flüstert Konstantin, „der alte Mann mit Hut verrät dich sonst noch. Dann ist Frau Becker bestimmt richtig sauer.“ Die beiden schließen zu der Gruppe auf und hören dem Pater jetzt zu.

„Was ihr hier seht ist ein Triptychon, ein dreigeteiltes Altarbild. Ihr seht in der Mitte das Hauptbild und daran zwei Flügel mit Nebenbildern. Alle drei Bilder zusammen erzählen eine Geschichte aus der Bibel. Dieses Altarbild hier ist sehr alt und unglaublich wertvoll. Es ist der ganze Stolz unseres Klosters.“ Der Pater steht ehrfürchtig vor dem Bild.

„Stellen sie es nachts denn auch in einen Tresor?“, will Sascha neugierig wissen.

„Nein, das brauchen wir nicht. Es ist mit einer Alarmanlage gesichert. Wenn man dem Bild zu nahe kommt, dann leuchtet eine Lampe im Zimmer unseres Hausmeisters“, sagt der Pater.

„Sie könnten es doch an einen geheimen Ort bringen“, schlägt Konstantin vor.

Der Pater schüttelt den Kopf. „Nein, das wollen wir nicht. Wir finden, dass alle dieses Wunder-

werk sehen sollten. Und so leicht kommt hier auch niemand rein. Ihr habt ja die dicken alten Mauern gesehen, die das Kloster umgeben. Die haben schon im Mittelalter als Schutz gedient, und sie erfüllen diese Aufgabe noch heute. Man müsste schon durch ein Fenster von außen in das Kloster einsteigen. Und das würden wir bestimmt hören", erklärt der Pater.

„Oder man wohnt schon im Kloster", fügt Konstantin hinzu.

„Ach", der Pater lächelt, „wer hier bei uns zu Gast ist, führt bestimmt nichts Böses im Schilde. So, und nun weiter in die Kapelle."

Die Gruppe geht über den Hof zu der alten Kapelle. Während der Pater etwas erzählt, blickt Sascha aus dem kleinen Fenster. Durch die Bäume sieht man den blauen Badesee schimmern. Gleich gehen sie schwimmen. Dann wendet er seine Aufmerksamkeit wieder dem Pater zu. Der erklärt gerade die Funktion der Glocken: „Sie wurden auch geläutet, wenn Gefahr bestand.

Zum Beispiel wenn ein Feuer ausbrach. Brände waren im Mittelalter, als man noch keine Feuerwehr hatte, sehr gefährlich. Jede Hand wurde benötigt, um das Feuer zu löschen. Das Läuten der Glocken konnte man weithin hören. Und so kamen alle angerannt, um zu helfen."

„Funktionieren die Glocken noch?", will der alte Mann mit dem Hut wissen.

„Ja, sicher", der Pater nickt eifrig, „man muss nur hier an dem Seil ziehen. In den meisten Kir-

chen werden die Glocken heutzutage ja per Knopfdruck betätigt, aber hier muss man sich noch an das Seil hängen, um sie zu läuten."

„Oh, darf ich das mal versuchen?" Saschas Augen leuchten.

Der Pater schüttelt bedauernd den Kopf: „Leider nicht. Ich würde dich ja gerne mal läuten lassen, aber wir würden die ganze Umgebung in große Aufregung versetzen. Sie dienen nämlich immer noch als Alarmglocken. Alle kämen sofort angerannt, um zu sehen, was passiert ist. Das verstehst du sicher, oder?" Sascha nickt.

Dann geht es endlich an den See. Abends fallen alle müde in ihre Betten. Sascha und Konstantin teilen sich ein Zimmer. Sie reden noch eine Weile, doch bald schlafen sie ein. Plötzlich schreckt Sascha aus dem Schlaf. Irgendwas stimmt nicht.

„Konstantin, bist du noch wach? Was ist das nur für ein Lärm?", flüstert Sascha und knipst das Licht an.

Konstantin sitzt im Bett „Das ist die Glocke von der Kapelle!“, ruft er. „Da ist was passiert, los wir müssen hin!“ Er springt aus dem Bett und zieht sich schnell an. Sascha springt ebenfalls aus dem Bett. Die beiden stürzen aus dem Zimmer.

Die Glocke läutet Sturm. Sascha und Konstantin sind nicht die Ersten an der kleinen Kapelle. Einige der Gäste aus dem Kloster stehen bereits auf dem Hof.

Frau Becker sammelt alle Schüler um sich. „Ihr bleibt hier in meiner Nähe“, sagt sie.

Sascha beobachtet das Ehepaar mit den roten Pullis, die schon bei der Führung dabei waren. Die Frau klammert sich ängstlich an ihren Mann. Auch der Alte mit dem Hut steht da.

„Guck mal, der setzt sogar nachts seinen Hut auf“, lästert Konstantin.

„Dafür hat er aber ein großes Loch in der Hose.“ Sascha deutet auf einen Riss in der Hose des Mannes. „Sieht genauso aus wie bei mir“, stellt er fest.

Nach einiger Zeit kommt der Hausmeister aus der Kapelle „Ich verstehe das nicht“, erklärt er Pater Franz, der neben Frau Beckers Klasse wartet. „Irgendjemand hat das Fenster von außen eingeschlagen, ist in die Kapelle geklettert und hat die Glocken geläutet. Warum nur?“

„Ein dummer Scherz!“, der Pater zuckt die Schultern. „Ich sehe mir das mal an.“

„Los hinterher“, flüstert Sascha, schubst Konstantin und bedeutet seinem Freund, dem Pater zu folgen.

Der Pater sieht sich um. „Fehlt nichts“, sagt er mehr zu sich selber als zu den beiden Jungs.

Sascha guckt aus dem zerbrochenen Fenster. Draußen glitzern die verstreuten Scherben im Mondlicht.

„Die mache ich morgen weg“, sagt der Pater.

Plötzlich wird die Tür zur Kapelle aufgerissen. „Pater Franz, das Altarbild ist weg!“ Blass steht der Hausmeister in der Tür.

„Das kann nicht sein!“ Der Pater ist erschüttert.

Schnell macht die Nachricht die Runde. Alle stehen betroffen vor der kleinen Kapelle.

„Jemand muss durch das Kapellenfenster eingestiegen sein. Er hat die Glocken geläutet, um uns abzulenken, und ist dann zu dem Altarbild und hat es gestohlen“, erklärt der Pater.

„Aber ich habe kein Licht im Museum gesehen“, sagt der Hausmeister verzweifelt. Er fühlt sich verantwortlich dafür, weil er in die Kapelle gelaufen ist, und so den ausgelösten Alarm zu spät bemerkt hat.

„Der Dieb hatte kein Licht“, sagt Sascha.

„Wir müssen draußen nach Spuren suchen!“, ruft Pater Franz ohne darauf zu achten, was Sascha gesagt hat.

„Nein, draußen werden wir keine Spuren finden“, erklärt Konstantin.

Alle drehen sich zu Sascha und Konstantin um. Doch die beiden Freunde blicken sich an und nicken. Sie haben den Fall längst gelöst.

Und du?

Fall 5

Streich um Mitternacht

„Ich kann meine Handyklingeltöne selber programmieren“, sagt Fred zu Tom. Die beiden sitzen im Bus hinter Luise und unterhalten sich schon die ganze Fahrt über Handys.

„Die sind so langweilig mit ihren Telefonen“, flüstert Anne, die neben Luise sitzt, ihrer Freundin ins Ohr. Luise nickt. Das Gespräch vor ihr ist allerdings kaum interessanter.

„Kaugummis ohne Zucker sind wirklich gut. Die reinigen die Zähne“, erklärt Andreas, einer der Betreuer, Herbert, einem weiteren Betreuer. Dann bietet er Herbert einen Kaugummi an.

Doch der lehnt ab: „Ich mag diesen Himbeergeschmack nicht, danke.“

„Also ich kann ohne diese Himbeerkaugummis gar nicht mehr leben“, sagt Andreas.

Luise guckt aus dem Fenster. Sie freut sich schon. Zwei Wochen Ferienlager liegen vor ihr.

Dieses Jahr dürfen die Mädchen in den Zelten schlafen, und die Jungs müssen ins Haus. Das wird jedes Jahr abgewechselt, damit sich niemand beschweren kann. Natürlich ist im Zelt schlafen viel aufregender.

„Ich habe mich jetzt auf Vogelrufe als Klingelton spezialisiert“, erklärt Fred seinem Freund.

„Hm“, Tom denkt einen Moment nach. „Ich würde einen Eulenruf nehmen. Das ist doch irgendwie gruselig.“

„Gerade habe ich einen Kuckuck als SMS-Klingelton“, fährt Fred fort.

„Das ist auch gut. Das wird bestimmt unheimlich, wenn du dann bei einer Nachtwanderung eine SMS bekommst“, meint Tom.

„Das wird überhaupt nicht unheimlich“, mischt sich Luise in das Gespräch. „Jedes Kind weiß doch, dass ein Kuckuck nachts schläft.“

„Wusstet ihr“, meldet sich jetzt auch Anne zu Wort, „dass man sein Portmonee schütteln muss, wenn man einen Kuckuck hört?“

„Warum denn das?“, will Fred wissen.

„Meine Mutter sagt, das bringt Glück“, sagt Anne.

„So etwas Albernes habe ich ja echt noch nie gehört!“ Tom lacht.

„Dir wird das Lachen schon noch vergehen“, sagt Luise und schubst Anne unauffällig. Die beiden haben sich schon einen Streich ausgedacht, den sie den Jungs spielen werden, wenn sie erst mal da sind.

Gleich in der ersten Nacht schleichen sich die beiden Mädchen in die Duschräume der Jungs. Sie haben Brühwürfel mitgebracht. Luise hat sich nämlich von ihrem großen Bruder zeigen lassen, wie man Duschköpfe abschraubt und einen Brühwürfel in den Duschkopf legt. Dann schrauben sie den Kopf mit Würfel wieder an. Alles sieht normal aus, aber wenn man am nächsten Tag duscht, löst sich der Würfel langsam auf. Und derjenige, der unter der Dusche steht, bekommt das fettige Zeug dann ab.

Die beiden haben Glück. Es hat tatsächlich Fred und Tom erwischt. Mit klebrigen Haaren und missmutig sitzen sie am nächsten Tag beim Frühstück. Die Freundinnen kichern.

„Super Streich!“, freut sich Luise.

Tom hat das gehört: „Ich dachte mir schon, dass ihr das wart. Aber unsere Rache wird fürchterlich sein. Wartet nur ab!“

„Räumt doch mal den Müll vor eurem Zelt auf!“, nörgelt Herbert und tritt mit dem Fuß nach einem Schokoriegelpapier, das vor Anne und Luises Zelt liegt.

„Das haben wir nicht dahin geworfen“, verteidigt sich Anne. „Ist doch egal, wer das war. Der Müll muss doch nicht hier rumfliegen“, sagt Herbert streng. „Irgendwie hat er Recht“, sagt Anne und hebt das Papier auf. Luise hebt ebenfalls ein paar Papierfetzen auf, die sie vor dem Zelt findet. Dann krabbeln die beiden in ihr Zelt.

Nachts wechseln sich die beiden Freundinnen mit Wache halten ab. Wenn Tom und Fred kommen, um sich zu rächen, wollen sie vorbereitet sein. Luise liegt wach und lauscht. Draußen ist es still. Es dauert nicht lange, da werden Luises Augenlider schrecklich schwer. Fast wäre sie eingeschlafen, hätte sie da nicht plötzlich einen Ast knacken gehört. Erschrocken richtet sie sich auf. Sie hält den Atem an und lauscht angestrengt in die Dunkelheit. Stille. Leise nimmt sie die Taschenlampe, schlüpft aus ihrem Schlafsack und schleicht sich zum Zeltausgang.

Draußen beleuchtet sie die Umgebung. Niemand ist da. Sie krabbelt zurück in ihren Schlafsack und lauscht in die Nacht. Das Laub an den Bäumen raschelt, mehr ist nicht zu hören. Aus der Ferne ruft ein Vogel. Das ist alles.

„Schüttel dein Portmonee“, murmelt Anne, die immer noch nicht richtig schläft. Aber Luise findet jetzt natürlich kein Portmonee. Aufmerksam lauscht sie, was draußen passiert. Keine Minute ist vergangen, da hört sie Schritte auf dem Kiesweg. Sie schreckt hoch. Aber es sind Schritte von einer einzelnen Person, und sie kommen von unten aus der Stadt.

„Das ist bestimmt einer von den Betreuern, der heute frei hatte“, flüstert Luise zu sich selbst. Bis zur Ablösung bleibt es still.

Am nächsten Morgen kriechen Anne und Luise müde aus dem Zelt.

„Nichts passiert“, stellt Anne zufrieden fest und streckt sich erst mal. Die beiden machen sich auf den Weg zum Frühstück.

Aber gleich nach den ersten Schritten bleibt Anne stehen. „Warte mal, da ist was unter meinem Schuh“, sagt sie. Anne hebt den Fuß. „Iih ein Kaugummi. Wer schmeißt denn so was vor unser Zelt?“

Der Kaugummi ist zwar in ein Stück Papier eingewickelt aber nicht sorgfältig genug, deshalb ist er unter Annes Schuh kleben geblieben. Anne zieht den Kaugummi angeekelt von ihrer Schuhsohle. Bevor sie ihn wegwirft, guckt sie noch auf das Papier.

„Sieht aus wie ein Busfahrschein“, stellt Anne fest. Die beiden gehen in den Duschraum.

„Bäh!“ Anne schnuppert an ihrer Hand: „Ekliger Himbeergeruch. Hoffentlich geht das mit Seife ab. So eine Schweinerei“, schimpft sie.

Als die beiden in den Frühstücksraum kommen, merken sie sofort, dass etwas nicht stimmt.

„Was ist denn los?“, fragt Luise Herbert.

„Traurige Geschichte“, brummt Herbert missmutig. „Gestern Nacht wurde aus den Zimmern der Betreuer Geld gestohlen. Wir können den Zeitraum ziemlich gut eingrenzen, weil wir die Zimmer der Jungs innerhalb einer Viertelstunde zweimal kontrolliert haben. Am Anfang war das Geld noch da, aber eine Viertelstunde später war es weg. Und genau in dieser Zeit waren zwei Jungs nicht in ihrem Zimmer. Sie müssen es gewesen sein, denn sonst haben alle geschlafen oder waren hier unten bei uns.“

„Und wer sind die Diebe?“, will Anne wissen.

„Tja“, Herbert seufzt, „ich hätte es den beiden ja nicht zugetraut. Ich hätte es keinem von euch Kindern hier zugetraut. Aber es ist eindeutig, auch wenn die beiden alles bestreiten. Es waren Fred und Tom.“

„Nein!“ Luise ist entsetzt.

„Doch leider, oder habt ihr die beiden zwischen 23.15 Uhr und 23.30 Uhr gesehen? Sie behaupten nämlich, bei den Zelten der Mädchen gewesen zu sein. Aber niemand hat sie gesehen.“ Anne und Luise schütteln betroffen die Köpfe.

„Hm“, sagt Herbert, „sonst waren alle hier.“

„Bis auf Andreas“, mischt sich Susanne, die ebenfalls eine Betreuerin ist, ein. „Der war auch nicht da.“

„Stimmt schon“, gibt Herbert zu, „aber er hatte doch gestern Abend frei und war in der Stadt. Er hat gesagt, dass er den letzten Bus, also den um 23.56 Uhr genommen hat. Außerdem, wir haben ihn doch gesehen, als er gekommen ist.“

Susanne schüttelt den Kopf „Das heißt doch gar nichts. Wir haben ihn nicht aus dem Bus aussteigen sehen. Er kann auch schon vorher hier gewesen sein.“

„Ach, Susanne“, Herbert ist etwas ungehalten. „Warum sollte er uns bestehlen?“

„Ein bisschen Geld im Portmonee kann jeder gut gebrauchen“, gibt Susanne zu bedenken.

„Portmonee!“ Luise hat plötzlich eine Idee. Sie läuft zu Fred.

„Du hast doch gestern Nacht eine SMS bekommen, oder?“, ruft sie aufgeregt zu Fred.

„Woher weißt du das?“, fragt der verwirrt.

„Ich habe es gehört“, sagt Luise ungeduldig. „Hast du die Nachricht noch? Kann man sehen, wann sie eingegangen ist?“

Fred nickt verwundert. Er zieht sein Handy hervor und guckt kurz nach: „23.19 Uhr“, sagt er und zeigt Luise die Nachricht.

„Aber selbst, wenn du das Handy gehört hast“, erklärt Herbert, „heißt das noch gar nichts. Von den Zelten bis in die Zimmer schafft man es in der verbleibenden Zeit locker.“

„Kann schon sein“, sagt Luise. Sie lässt sich nicht beirren. „Ich denke trotzdem, dass ich weiß, wer es war. Ich muss nur noch mal kurz in einen Mülleimer gucken!“ Alle schauen Luise an, als hätte sie den Verstand verloren.

`Weißt du es besser?`

Fall 6

Endspiel

Michael sitzt mit dem Fußballteam seiner Schule im Bus. Sie sind auf dem Weg zum Trainingslager. Am Wochenende entscheidet sich dann, ob sie Landes-Fußballmeister werden. Es geht um mehr als nur den Sieg. Das Team, das gewinnt, bekommt viel Geld zum Ausbau der Turnhalle.

Aber darüber denkt Michael jetzt nicht nach. Es ist so schon aufregend genug. Als Kapitän seines Teams fühlt er sich besonders verantwortlich dafür, dass alles gut geht.

„So“, sagt Herr Schluckauf, Michaels Sportlehrer. „Wir sind gleich da. Ich rufe jetzt mal Herrn Wicht an, den Direktor der Goethe-Schule.“

Herr Schluckauf blättert in seinem Notizbuch. Michael guckt aus dem Busfenster. Sie rollen durch eine fremde Stadt.

Bevor sie losgefahren sind, hat ihr Direktor noch eine kleine Ansprache gehalten: „Gebt euer

Bestes, Jungs“, hatte er gesagt, „aber spielt fair. Wenn wir gewinnen, dann ehrlich. Vertretet die Freiherr-vom-Stein-Schule würdig.“

„Die Chancen stehen echt super für uns“, erklärt Olli, der neben Michael sitzt und über das bevorstehende Endspiel nachdenkt. „In den letzten fünf Jahren haben wir drei Mal gewonnen, ein Mal verloren und nur ein einziges Mal unentschieden gespielt.“

Michael nickt. Aber er weiß, dass das natürlich nichts zu sagen hat. Die Goethe-Schule ist genau wie sie ohne eine einzige Niederlage ins Endspiel gekommen.

„Oje, jetzt habe ich hier zwei Telefonnummern und nicht notiert, welche die Nummer des Direktors ist.“ Herr Schluckauf kratzt sich am Kopf. „Ich soll doch den Direktor anrufen, wenn wir ankommen. Er will euch noch persönlich begrüßen.“ Er dreht sich zu Michael und Olli. Die beiden nicken nur. Sie wissen auch nicht, welche die richtige Nummer ist.

„Also“, sagt Herr Schluckauf, „entweder 787811 oder 787822. Was denkt ihr?“

Olli schüttelt den Kopf „Keine Ahnung. Versuchen Sie es doch einfach.“

„Ich glaube“, sagt Michael, „787811. Die Einsen hören sich mehr nach Direktor an. Der ist doch die Nummer eins an der Schule.“

„Ich versuche es einfach“, sagt Herr Schluckauf und zückt sein Handy. Er spricht kurz und kündigt die Ankunft seines Teams an.

„Hattest Recht, Michael“, sagt er, während er sein Handy wieder einpackt.

Dann stehen sie im Flur vor dem Zimmer des Direktors der Goethe-Schule. Die Sekretärin hat sie dorthin begleitet.

„Herr Wicht ist sofort wieder da", erklärt sie und wartet mit ihnen im Flur. An den Wänden hängen Fotos von den Fußballteams der letzten 30 Jahre. Michael steht direkt vor dem Bild von 1968. Das Team hat den Landescup gewonnen. In der Mitte des Bildes steht ein Junge, der den Pokal strahlend in die Höhe streckt.

„Das ist unser Direktor, Herr Wicht“, erklärt die Sekretärin.

„Und wer hat sich da so verletzt? Ist das eine Sportverletzung?“, will Olli wissen. Er steht neben Michael und deutet auf einen Jungen, der neben dem heutigen Direktor steht. Der Junge hat ein großes Pflaster über der rechten Augenbraue. Man sieht es erst auf den zweiten Blick, weil seine langen Locken tief in die Stirn hängen.

„Ach“, sagt die Sekretärin, „ich weiß gar nicht mehr, wie er hieß. Aber die Wunde hat er sich tatsächlich beim Endspiel zugezogen. Er ist mit einem anderen Spieler zusammengestoßen. Das hat vielleicht geblutet!“, sie winkt ab.

Dann kommt der Direktor endlich. Er begrüßt das Team von Herrn Schluckauf und wünscht allen viel Glück. Bevor er sie verabschieden kann, klingelt sein Telefon. Herr Wicht entschuldigt sich kurz und nimmt den Hörer ab.

„Hallo Locke“, begrüßt er den Anrufer am anderen Ende der Leitung. „Du, ich kann jetzt nicht

telefonieren. Aber es bleibt dabei, du pfeifst. Und es soll nicht zu deinem Schaden sein.“ Dann erklärt er Herrn Schluckauf, wie sie zur Jugendherberge kommen.

Die Woche im Trainingslager vergeht wie im Flug, und das Endspiel steht vor der Tür. Damit keine Mannschaft einen Heimvorteil hat, findet das Endspiel bei einer anderen Schule statt.

Um 12 Uhr ist Anpfiff. Auf dem Weg von den Kabinen zum Platz laufen die beiden Teams nebeneinander.

„Wir spielen euch in Grund und Boden“, feixt einer aus dem Team der Goethe-Schule.

„Das werden wir schon noch sehen“, antwortet Olli.

Michael guckt unauffällig rüber zum gegnerischen Kapitän. Er heißt David Beck und er ist ein wirklich guter Spieler. Michael atmet tief durch. Die Mannschaften betreten den Platz. Die beiden Kapitäne stehen beim Schiedsrichter, um Seitenwahl und Anstoß auszulosen. Der Schiedsrichter ist ein kleiner drahtiger Mann mit Glatze.

„Also, Jungs“, sagt der Schiedsrichter und kratzt sich dabei über dem rechten Auge, „ich will ein faires Spiel sehen.“ Er dreht sich zu einem der Linienrichter um und sagt: „Ich glaube, das Wetter schlägt bald um. Meine Narbe juckt schon den ganzen Tag.“

Dann geht es los. Es ist ein ausgewogenes Spiel. Beide Mannschaften sind gleich gut. Bis zur Halbzeit werden auf beiden Seiten drei Torchancen herausgespielt, aber ein Tor fällt nicht.

Die zweite Halbzeit fängt genauso spannend an. Doch plötzlich bekommt Michael den Ball genau vor die Füße. Ein absoluter Traumpass. Er zögert nicht lange, zieht blitzschnell ab und der Ball ist im Kasten. Michael reißt die Arme hoch: „Tor!“, schreit er.

Doch der Schiedsrichter hat längst abgepfiffen. Abseits, zeigt er an.

„Niemals!“, ruft Michael und rennt zum Schiedsrichter. Das halbe Team der Freiherr-vom-Stein-Schule steht um den Mann mit der

Pfeife und diskutiert. Doch es hat keinen Sinn. Er gibt das Tor nicht.

Das Spiel geht weiter. Fünf Minuten vor Abpfiff geschieht es dann: Ein Spieler des gegnerischen Teams kommt im Strafraum von Michaels Team zu Fall. Der Schiedsrichter pfeift einen Elfmeter.

Olli tobt: „Das war nie und nimmer ein Foul! Der Spieler wurde doch überhaupt nicht berührt!"

Aber alles Schimpfen nutzt nichts. Der Schiedsrichter lässt sich nicht beirren und zeigt auf den Elfmeterpunkt. Der Spieler des gegnerischen Teams legt sich den Ball zurecht, läuft an, schießt – Tor!

„Das war's", Olli lässt den Kopf hängen.

Doch Michael feuert sein Team nochmal an. „Los!", schreit er, „gebt alles!"

Aber es nutzt nichts mehr. Die Zeit ist zu knapp. Der Schiedsrichter pfeift ab. Niedergeschlagen trottet Michaels Team vom Platz.

„Hey", sagt David zu Michael, „ihr wart trotzdem gut. Ist irgendwie dumm gelaufen für euch.

Tut mir echt Leid.“ Er streckt Michael die Hand hin. Michael ergreift sie und gratuliert zum gewonnenen Spiel.

„Der verdammte Schieri, der hat uns das ganze Spiel versaut!“, flucht Olli, der neben Michael zu den Kabinen zurück läuft. „Das war nicht fair“, schimpft er weiter, „erst das Abseits, das keins war, und dann der Elfmeter, der nie und nimmer einer war.“

„Ach, lass doch“, beschwichtigt Michael seinen Freund, „so ist das eben manchmal. Die Schiedsrichter können auch nicht immer alles richtig sehen.“

Sie laufen schweigend nebeneinander her.

„Was ist das?“, fragt Michael plötzlich und hebt einen silbernen Gegenstand vom Boden auf.

„Ein Handy“, antwortet Olli. „Wem das wohl gehört?“

„Ich gehe mal zurück und frage“, sagt Michael.

Auf dem Weg zurück trifft er David.

„Weißt du, wem das Handy gehört?“, fragt er.

„Zeig mal“, sagt David. Er betrachtet das Handy und drückt ein paar Tasten. „Vielleicht finden wir einen Hinweis“, erklärt er.

„Pass auf, du wählst eine Nummer“, warnt Michael, als er auf dem Display die Anzeige Wahlwiederholung – Rufaufbau – 787811 sieht. Schnell drückt David auf die Abbruch-Taste.

„Hm“, sagt David ratlos. „Ich weiß auch nicht, wem das gehört.“

In diesem Moment kommt der Schiedsrichter auf die beiden zugelaufen. „Oh, ihr habt ja mein Handy gefunden. Das ist toll!“, sagt er. Er guckt kurz auf das Handy, um sicher zu sein, dass es seins ist. Dann bedankt er sich und geht wieder.

„Das Handy hat dem Schiedsrichter gehört?“, fragt Michael nachdenklich.

„Sag mal, David, was würdest du dazu sagen, wenn der Schiedsrichter ein ehemaliger Schüler deiner Schule ist?“, fragt Michael.

Der Kapitän der Goethe-Schule guckt Michael verwundert an. „Das ist gegen die Regeln", sagt er, „dann müssten wir das Spiel wiederholen."

„Tja", sagt Michael, „ich denke, wir müssen das Spiel wiederholen. Hier hat einiges nicht gestimmt."

Welche Indizien hat Michael zusammengetragen?

Fall 7

Geisterbahn unter freiem Himmel

Es ist stockfinster und durch die Bäume weht flüsternd der Wind. Gina steht mitten im Wald. Weiter vorne hört sie Stimmen kreischen. Das hier ist mit Abstand das Gruseligste, was sie jemals erlebt hat! Dabei ist sogar ihre Mutter Janine mit dabei! Schließlich war das ja auch ihre Idee. Gina hatte sich nämlich beschwert, dass ihr Klassenausflug ins Wasser fallen sollte. Ihre Lehrerin ist ganz plötzlich krank geworden.

„Hey", hatte Janine ausgerufen und mit den Fingern geschnippt, „dann machen wir den einfach selbst! Bestimmt kommen ein paar Eltern mit als Aufsicht!" Und schon hatte sie sich den Telefonhörer geschnappt.

Hier stehen sie nun. Irgendwo in der Nähe von Berlin, die Blätter rascheln, und Ginas Herz rutscht ihr in die Hose.

Die Kinder wurden für die Schnitzeljagd in Gruppen eingeteilt. Jede Gruppe hat einen Plan dabei und muss den Rundgang so schnell wie möglich hinter sich bringen. An jeder Abzweigung ist etwas anderes einzusammeln.

Gina schüttelt den Kopf. „Warum muss das denn ausgerechnet mitten in der Nacht sein?“, fragt sie ein bisschen ängstlich.

„Hast du etwa Schiss?“, fragt Jacob und grinst sie an.

Na ja, ein wenig unwohl ist ihr schon, aber weil die anderen drei so mutig tun, schüttelt sie einfach nur tapfer den Kopf. Lea spielt mit ihrer Taschenlampe, sodass immer nur ein kleiner Teil des Weges erhellt wird. Da kommt ein viermaliger Käuzchenruf durch das Dickicht: ihr Startzeichen.

„Endlich!“, seufzt Lea ungeduldig und marschiert schon mal voraus. Jacob geht an ihrer Seite und schlenkert betont locker mit den Armen, und der kleine Gregor hält sich ganz dicht hinter den beiden.

„Also mal sehen.“ Lea leuchtet auf ihren Plan. „Hundert Meter geradeaus bis zu der alten Eiche. Dort steht eine Kerze, die wir mitnehmen müssen. Und dann links.“

Gina schleicht hinter ihren Klassenkameraden her. Da tönt schon wieder ein Schreien durch die Dunkelheit. Und diesmal sind das nicht nur einzelne Stimmen, sondern gleich viele. Als ob eine ganze Gruppe voller Panik aufschreit.

Gina beginnt zu zittern. Tagsüber schafft es niemand, sie so schnell ins Boxhorn zu jagen. Dazu ist sie eine viel zu gute Beobachterin. Aber hier und jetzt ... Ihr Mund ist ganz trocken, und plötzlich weiß sie, was sie tun wird: Sie geht einfach zurück zur Jugendherberge. Gedacht, getan. Gina dreht sich um und verschwindet im Wald. Doch schon nach ein paar Metern hört sie wieder Stimmen. Ob das die anderen sind? Leise schleicht sie weiter. Mitten auf dem Trampelpfad weiter vorne raschelt ein Laubhaufen. Sehr verdächtig! Plötzlich schnellt ein bleicher Arm hervor und tastet über den Waldweg.

„Gut so?“, murmelt der Laubhaufen. Erschrocken schnappt Gina nach Luft.

„Was war denn das?“, flüstert es sofort aus den Blättern. „Kommen die etwa schon?“

„Nee, kann niemanden sehen“, antwortet eine leise Stimme von oben, und Gina sieht eine verzerrte Fratze aus dem Baum über ihr linsen. Schnell zieht sie sich ihre dunkle Kapuze über das helle Haar.

„Leuchte doch mal nach hier unten“, nuschelt der Blätterhaufen, „mir wird's echt ein bisschen unheimlich.“

Aus dem Baum kichert es. „Ich musste die Lampe doch beim Flattermann lassen, du alte Bangbüx!“, flüstert der Baum. „Egal, ich hab ein Feuerzeug“, sagt der Laubhaufen.

„Spinnst du? Die Blätter sind trocken wie Heu“, ruft der Baum.

„Als ob du dich damit auskennst, Fischkopp!“, flucht der Laubhaufen.

Gina muss grinsen. Das hört sich ja fast so an, als ob diese Amateurgespenster noch mehr Angst hätten, als sie selbst! Zentimeter für Zentimeter schleicht sie in einem großen Bogen um die beiden herum. Hier werden die Büsche dichter. Gina weicht den Ästen aus. Deswegen bemerkt sie auch erst, dass etwas nicht stimmt, als ihre Hand weichen Stoff berührt. Sie starrt nach oben. Direkt vor ihr schwebt eine dunkle Kapuzengestalt. Das Gesicht leuchtet rot und der Umhang bewegt sich sacht im Wind.

Gina steht wie erstarrt, aber nichts geschieht. Deswegen schaut sie genauer hin. Zwei dünne

Schnüre führen rechts und links von dem unheimlichen Gebilde weg auf die andere Seite des Weges. Da nähern sich auch schon Schritte.

„Mann, war das unheimlich, ich wäre fast in den See gesprungen!“ Das ist Jacobs Stimme, eindeutig. Gregor kichert.

Gina läuft ein paar Schritte nach links und reiht sich wieder in ihre Gruppe ein.

„He, wo warst du denn?“, will Lea wissen, „wir haben uns schon Sorgen gemacht!“

„Geister jagen“, kichert Gina. Kaum hat sie geantwortet, schallt auch schon ein lautes „Buuhuu-hüü-ehem-uhhhh!“ durch den Wald, mit einem kreischend hellen Kieksen in der Mitte des Schreis. Eine riesige Fledermaus mit rotem Gesicht flattert wild mit den Flügeln. Gregor schreit auf und klammert sich an Jacob. Lea dagegen entfährt nur ein leises „Pah!“. Langsam macht Gina das Ganze Spaß. Sie stehen vor einem Felsen.

„Hier muss irgendwo ein Knochen liegen, den wir einsammeln müssen“, liest Lea vor.

„Iih, wer denkt sich denn so was aus?“ Gregor schüttelt sich.

„Der ist doch bestimmt nicht echt“, beruhigt ihn Jacob.

Da hat sich Gina auch schon aufgemacht und klettert den Felsbrocken hinauf. „Ich hab ihn“, triumphiert sie und schwenkt einen Plastikknochen durch die Luft.

Zweimal biegen sie noch ab, dann beleuchtet Ginas Taschenlampe einen Laubhaufen, mitten auf dem Weg. Sie überholt Lea und marschiert mutig auf ihn zu. Gerade als die Krallenhand hervorschießt, um sie am Knöchel zu packen, springt sie zur Seite.

„Ätsch!“, ruft Gina laut und läuft winkend an dem Baum vorbei, aus dem ein verzerrtes Gesicht auf sie herunterschaut.

Im Dauerlauf erreicht sie die Jugendherberge. Die anderen schnaufen hinter ihr her. Die Fenster leuchten durch die Bäume. Ganz rechts ist die Küche.

Marie, die Köchin, rührt in einem großen Topf. Von dem Löffel tropft eine rote, zähflüssige Masse herunter. Gregor zittert schon wieder. Im Mädchenschlafsaal ziehen Carolin und Gerri, die beiden Hausmädchen, gerade die Bettlaken ab. Gina stößt die Tür zum Speiseraum auf. Die anderen sitzen schon alle an ihren Plätzen und unterhalten sich aufgeregt.

„Mann, als dieses einarmige Ungetüm da auf mich zukam!“, lacht Johannes und klopft Edwin, der neben ihm sitzt, auf den Rücken. „Aber das war ja wohl nix gegen diese Krallenhand, vor der du dich so erschrocken hast, Edwin!“

Edwin schüttelt betont locker den Kopf. „Quatsch, ich hatte doch keine Angst!“, sagt er gelangweilt. Der ganze Tisch kichert.

„Ja klar doch, und wer hat gekreischt wie ein Mädchen?“, ruft Johannes.

„Das war bestimmt der Bruder von Lea, dieser Anton!“, brummelt Edwin beleidigt. „Der ist doch schließlich schon im Stimmbruch!“

Janine verwuschelt dem Jungen die Haare. „Anton ist doch gar nicht mitgegangen, er war die ganze Zeit hier“, erklärt sie. „Das musst schon du gewesen sein.“ Dann entdeckt sie ihre Tochter. „He, Gina, wie war es bei euch?“

Gina grinst. „Cool!“, sagt sie, da schieben auch schon die Köchin und Hartger, einer der Zivis, den Küchenwagen hinein. Christian, der zweite

Zivi, schleicht durch die Eingangstür. Schnell pustet er noch den letzten Zigarettenrauch nach draußen, dann hilft er mit, das Essen auszuteilen. Dunkelrot klatscht der Brei in die bereitstehenden Schüsseln. „Was ist das denn?“, will Gregor ängstlich wissen.

Hartger zeigt mit dem Finger auf ihn. „Genau, das hab ich auch gesagt! Ich hab ja Labskaus vorgeschlagen, aber ich wurde überstimmt“, ruft er empört.

Lea schnuppert. „Hmmm! Chili con Carne!“, ruft sie verzückt und reibt sich die Hände. Hartger schüttelt nur den Kopf.

„Was ist denn Labskaus? Das klingt ja echt eklig!“, ruft Edwin vom andern Tisch.

„Kartoffelbrei mit Cornedbeef, roter Beete, Spiegelei und Hering. Total lecker!“, antwortet Hartger. Sofort bricht der ganze Tisch in Würgegeräusche aus. Hartger verzieht beleidigt das Gesicht.

Anton, der sich gerade neben Lea setzt, muss darüber so lachen, dass er einen Schluckauf bekommt.

Christian schlägt sofort in die gleiche Kerbe: „So was schmeckt aber auch wirklich nur den Muschelschubsern an der Küste!“ Hartger streckt ihm die Zunge raus.

Da schnippst Gina mit den Fingern. „Hey, wollt ihr wissen, wer hier im Raum die Gespenster waren?“, fragt sie in die Runde.

Alle schauen sie an.

„Wer denn?“, fragt Gregor und linst argwöhnisch zu der Köchin.

Edwin deutet auf Carolin und Gerri: „Die beiden da haben mit den Laken rumgespielt, ich hab’s genau gesehen!“ Und Lea, ja, die wirft ihrem großen Bruder einen misstrauischen Blick zu. Gina lächelt stumm, bis ihre Mutter sie schließlich fragt: „Wie viele hast du denn erkannt?“

„Drei“, antwortet Gina selbstbewusst. „Aber du und die andern Eltern, ihr habt euch das doch bestimmt ausgedacht, oder?“

Weißt du auch, welche der Anwesenden die drei Gespenster gespielt haben?

Lösung Fall 1:

Vielleicht wären Janosch all die Kleinigkeiten gar nicht so aufgefallen, aber irgendwann fing er doch an, eins und eins zusammenzuzählen.

Zuerst hatte Sonja ihn ausgefragt, über welches Geschenk er sich denn freuen würde. Während die anderen den Kuchen gebacken haben, hielt ihn Alex mit den angeblichen Sternschnuppen aus der Küche fern.

Vor der Wanderung haben sich die anderen noch kurz über SMS verständigt. Deswegen hat Alex auch bei der letzten SMS laut „Ayeaye" gerufen, was nur Sinn macht, wenn der SMS-Schreiber in der Nähe steht. Das hieß so viel wie „Geht klar, lasst uns loslegen".

Dann musste Alex nur noch dafür sorgen, dass die anderen möglichst viel Vorsprung gewinnen, um die Höhle vorzubereiten. Er hat auf einen Stein gezeigt und Fragen gestellt, aber etwas später hat er sich dann selbst verraten: Alex weiß genau, was ein Stalagmit ist. Er wollte nur ein bisschen Zeit schinden.

Und natürlich hatten Ben und Maren deswegen so große Rucksäcke auf, damit sie den Kuchen, das Geschenk, die Musik und den Tee transportieren konnten.

Ben hat so getan, als untersuche er die Höhlenwand. Aber eigentlich hat er sich an dem Lichtschalter zu schaffen gemacht, als Alex und

Janosch in die große Höhle kamen. Dann hat Alex laut gerufen, um die anderen vorzuwarnen. Das war das Startzeichen für Ben, das Licht auszuschalten. Zuletzt hat Alex Janoschs Rucksack geklaut, Anja hat das Geschenk darin deponiert und Sonja hat ihn abgelenkt.

Lösung Fall 2:

In der einen Vitrine, die der Student den Kindern zeigt, sind angeblich nur Fundstücke aus dem 16. Jahrhundert. Fabian bemerkt allerdings, dass der eine Krug eine Nahtstelle aufweist, die wie bei einem Osterei aussieht.

Frau Aumüller hat den Kindern vor den Ferien aber erklärt, dass solche Nahtstellen erst viel später auftraten, da man erst im 19. Jahrhundert in der Lage war, Krüge maschinell herzustellen.

Der Einzige, der einen Schlüssel zu den Vitrinen hat, ist der Direktor. Schnell stellt sich raus, dass der Direktor den wertvollen Krug durch einen weniger wertvollen ersetzt hat. Den 500 Jahre alten Krug wollte er für viel Geld verkaufen. Zum Glück ist Helge ihm rechtzeitig auf die Schliche gekommen.

Lösung Fall 3:

Robert hat falsch gespielt. Er hat nämlich eine Abkürzung genommen, was nicht nur unfair, sondern auch noch ziemlich gefährlich ist! Bei der zweiten Biegung ist Bea aufgefallen, dass die Außenwand eingedellt war. Das passiert nicht einfach so! Und auch kurz vor der Zielgeraden war wieder eine Delle in der Wand – diesmal an der Innenseite, von der aus der Schnee dunkel verfärbt war.

Offensichtlich ist Robert nicht die Rodelbahn entlang gefahren, sondern schon ab der zweiten Kurve querfeldein. Dafür spricht auch, dass seine neulackierte Rodelwanne zerkratzt und Erde auf der unteren Bahn war. Dort ist er nämlich nach seinem Ausflug zwischen den Bäumen über die Seitenbahn wieder hineingefahren. An dieser Stelle hat Hartwig auch Börries' Stirnband gefunden. Es mag also sein, dass Börries und Robert besser Skifahren können, aber ehrlicher gerodelt haben Christina und Bea. Und deswegen verdienen sie auch den ersten Platz!

Lösung Fall 4:

Der Pater hat Recht: Der Dieb hat sich den Aufruhr, der durch den falschen Alarm ausgelöst wurde, zu Nutze gemacht. Er ist in den Raum mit dem Altarbild eingestiegen und hat es geklaut. Niemand hatte Zeit, auf die Alarmanlage zu achten.

Aber der Pater irrt, wenn er glaubt, dass der Dieb von außen in die Kapelle eingestiegen ist. Denn die Glasscherben lagen nicht *in* der Kapelle, sondern draußen. Wenn aber jemand das Fenster von außen eingeschlagen hätte, würden die Scherben in der Kapelle liegen. Das Ganze war also nur ein Ablenkungsmanöver.

Woher wussten die beiden aber, dass der Dieb kein Licht benutzt hat, als er zu dem Altarbild geschlichen ist? Ganz einfach: Der Dieb hat genau so ein Loch in der Hose wie Sascha, als er mittags versucht hatte, mit geschlossenen Augen durch den Raum zu gehen und dabei an dem Metallhaken hängen geblieben ist, der vor dem Altarbild aus der Wand guckte. Und somit haben sie auch gleich den Täter überführt: der alte Mann mit dem Hut.

Lösung Fall 5:

Beim Stichwort Portmonee fällt Luise wieder ein, dass sie nachts einen Vogel gehört hat. Anne hat ihn im Halbschlaf auch gehört und den Ruf erkannt: ein Kuckuck. Deshalb hatte sie zu Luise gesagt, sie solle ihr Portmonee schütteln, weil das angeblich Glück bringt. Das war die SMS, die Fred bekommen hat, denn ein richtiger Kuckuck schläft nachts. Unmittelbar danach hat Luise Schritte von einer einzelnen Person gehört. Sie konnte zwar nicht sehen, wer es war, aber der Himbeerkaugummi, der in dem Busfahrschein eingewickelt war, hat Andreas verraten. Auf Busfahrscheinen stehen nämlich immer

Datum und Uhrzeit, zu der der Schein benutzt wurde. Der Fahrschein, den Anne samt Kaugummi in den Mülleimer geworfen hat, kann beweisen, dass Andreas kurz nach der SMS, also um 23.19 Uhr, schon wieder aus der Stadt zurück war. Er hat seinen Kaugummi in den Fahrschein gewickelt und einfach weggeworfen. Das macht ihn noch nicht zum Dieb, aber dass er lügt und behauptet, viel später gekommen zu sein, überführt ihn.

Lösung Fall 6:

Michael hat die Nummer des Direktors wiedererkannt als Andreas aus Versehen beim Untersuchen des Handys auf die Wahlwiederholungstaste gedrückt hat. Das heißt, der Schiedsrichter hat mit dem Direktor der Goethe-Schule telefoniert. Er hat sogar genau in dem Moment mit dem Direktor telefoniert, als Michael und sein Team dabei waren. Herr Wicht hat ihn mit ‚Locke' angesprochen und offensichtlich etwas über das Spiel mit ihm abgesprochen. Dass er damit den kahlköpfigen Schiedsrichter meinte, kann man nur wissen, wenn man das Foto von 1968 kennt. Dort steht ein Junge mit Locken und einem Pflaster über dem rechten Auge.

Statt der Locken hat der Schiedsrichter mittlerweile eine Glatze, aber die Narbe war Michael vor dem Anpfiff aufgefallen. Der Direktor des

Goethe-Gymnasiums wollte unbedingt das Geld für den Ausbau der Turnhalle haben. Deshalb hat er seinen alten Freund, den Schiedsrichter ‚Locke' bestochen.

Lösung Fall 7:

Christian war die Fratze aus dem Baum, und Hartger versteckte sich unter dem Blätterhaufen. Gina belauschte ihr Gespräch, aus dem hervorging, dass der eine aus Norddeutschland kommt, und der andere sich gerne darüber lustig macht. Christian unter dem Laub nannte die Baumfratze einen ‚Fischkopp'. Der andere dagegen nannte ihn ‚Bangbüx' statt ‚Angsthase', ein typisch norddeutscher Ausdruck.

Spätestens beim Essen, als Hartger erklärte, was Labskaus ist, zählte Gina eins und eins zusammen.

Außerdem wollte das Gespenst unter dem Blätterhaufen sein Feuerzeug benutzen, um ein bisschen Licht zu machen. Und Christian ist der Einzige, der raucht.

Anton dagegen spielte die Monsterfledermaus. Er zog von der anderen Seite des Weges an den beiden Schnüren. Gina ist aufgefallen, dass mitten in seinem gruseligen Ruf plötzlich die Stimme quietschte. Und Anton ist schon im Stimmbruch, wie Edwin erzählte. Das heißt, ab und zu rutscht seine Stimme plötzlich ein paar Oktaven höher.

Die Autoren

Ulrike Rogler M.A. Germanistik, Geschichte und Psychologie, studierte in Frankfurt a.M. und Berlin. Die Autorin arbeitet als Redakteurin für diverse Magazine, Kinder- und Jugendzeitschriften. Gemeinsam mit Simone Veenstra hat sie zahlreiche Bücher für Kinder und Jugendliche veröffentlicht. Ulrike Rogler lebt und arbeitet als freie Autorin und Journalistin in Berlin. Weitere Informationen unter www.scriptease-berlin.de

Simone Veenstra studierte Film, Theater und Literatur. Nach ihrem Studium arbeitete sie als Regisseurin und Redakteurin, bevor sie sich voll und ganz dem Schreiben widmete. Gemeinsam mit Ulrike Rogler hat sie zahlreiche Bücher für Kinder und Jugendliche veröffentlicht. Sie wurde für den Agatha-Christie-Preis nominiert und 2004 als Teilnehmerin der Ausstellung ‚Junge deutsche Autoren' des Goethe-Institutes gewählt. Weitere Informationen unter www.scriptease-berlin.de

Der Illustrator

Stephan Pricken wurde 1972 in Moers geboren und ging dort zur Schule. Seit 1995 lebt er in Münster, wo er zunächst Grundschullehramt und anschließend Grafik-Design studierte. Seit seinem Diplom 2004 arbeitet er als freier Illustrator.
Weitere Informationen unter: www.stephanpricken.de